WURM/DESBERG

Le cercle des sentinelles

Deuxième partie

Le lion ailé

Couleurs : Bruno Marchand

casterman

Jeune homme timide, Andy Harlow s'éprend puis délaisse Karen, l'assistante du mystérieux professeur Dooley, égyptologue de renom. Pris de remords, il embarque pour le Caire, à la recherche de celle qui a bouleversé sa vie.

Remerciements à Jean Cosyn, architecte

ISBN 2-203-38908-7

© Casterman 1998

JE VOUS SOUHAITE UN EXCELLENT SÉJOUR EN ÉGYPTE. ET REMET-TEZ MES SALUTATIONS À VOS AMIS DE L'UNIVERSITÉ!

LE CHAMPOL

MESSAGERIES MARITIMES

D'AUTRES PASSAGERS ÉTAIENT ATTEN-DUS ET EN OBSERVANT LA JOIE DES RETROUVAILLES JE FUS SOUDAIN ENVAHI PAR UN SENTIMENT DE VIDE.

C'EST RIDICULE. KAREN NE PEUT PAS AVOIR LA MOINDRE IDÉE DE MON ARRIVÉE. J'AI MÊME DE GROS DOUTES QUANT À SAVOIR SI ELLE ÉPROU-VERA LE MOINDRE PLAISIR À ME REVOIR!

MESSAGERIES MARITIMES

Seif el Din

UN TAXI AUX SIÈGES BRÛLANTS M'AVAIT FAIT DÉCOUVRIR CHAQUE TROU DE LA ROUTE ENSABLÉE MENANT AU CAIRE

48.

EN L'ABSENCE DE VITRES, J'EUS VITE L'IMPRESSION DE M'ENSABLER MOI-MÊME.

MAIS LE DÉSERT, LES CHAMEAUX, LES SILHOUETTES VOILÉES, ATTIRAIENT CHACUN DE MES REGARDS, COMME SI JE N'ARRIVAIS PAS À CROIRE QUE CES IMAGES DE MONDES ANCIENS AIENT VRAIMENT PU EXISTER AILLEURS QUE DANS MES LIVRES D'HISTOIRE!

LE VOYAGE M'AVAIT EMMENÉ AUSSI LOIN QU'IL POUVAIT.

LE MOUVEMENT LENT DU BATEAU QUI PREND TOUTE LA RESPONSABILITÉ DE LA DESTINATION PROMISE COMMENÇAIT DÉJÀ À ME MANQUER.

CELA ALLAIT ÊTRE À MOI, À NOUVEAU, DE DÉCIDER DES CHEMINS À PRENDRE...

49.

LES JOURS SUIVANTS, JE M'ÉTAIS MIS À LA RECHERCHE DE KAREN.

LE SITE DE SES FOUILLES ÉTAIT DANS LE QUARTIER COPTE, AUX ABORDS D'UN CIMETIÈRE.

IL NE RESTE PLUS QU'À IMAGINER LES MOTS QUE JE POURRAIS BIEN LUI DIRE!

PLUSIEURS FOIS, JE RESTAI À L'OBSERVER.

JE NE SAVAIS PAS SI C'ÉTAIT MOI QUI LA VOYAIS AUTREMENT, SANS L'ILLUSION DE SHONA, OU SEULEMENT LE SOLEIL DE L'ÉGYPTE ET LES VÊTEMENTS LÉGERS QU'ELLE PORTAIT.

OU ENCORE MES REMORDS DE CE QUE JE LUI AVAIS FAIT. OU PEUT-ÊTRE SA PASSION POUR CE QU'ELLE ÉTAIT EN TRAIN DE FAIRE.

51.

JE ME SENTAIS INCAPABLE DE L'APPROCHER MAIS J'EN MOURAIS TOUJOURS PLUS D'ENVIE.

PARFOIS, COMME SI CELA POUVAIT ME RAPPROCHER D'ELLE, JE ME PLONGEAIS DANS LE LIVRE DU PROFESSEUR DOOLEY, QUE J'AVAIS FINI PAR ACHETER.

DOOLEY S'Y LANÇAIT DANS DE LONGUES DESCRIPTIONS D'UNE COMMUNAUTÉ DE PRÊTRES HÉRÉTIQUES, BASÉE JADIS À ALEXANDRIE.

CONSIDÉRÉS COMME PROCHES DE L'ARIANISME, ET CONDAMNÉS AU CONCILE DE NICÉE EN 325 DE NOTRE ÈRE, CES PRÊTRES AVAIENT PRÉFÉRÉ S'ENFUIR DANS LE DÉSERT.

AVEC EUX DISPARAISSAIENT CERTAINS DOCUMENTS LES PLUS SACRÉS DES ÉGLISES PRIMITIVES, ET PLUS QUE PROBABLEMENT, S'IL FAUT EN CROIRE DE NOMBREUSES SOURCES, LE CÉLÈBRE MANUSCRIT DU "LION AILÉ".

D'APRÈS LE PROFESSEUR, LA COMMUNAUTÉ AVAIT CONTINUÉ À ÊTRE SECRÈTEMENT ACTIVE PENDANT QUELQUES GÉNÉRATIONS, À L'ÉCART DU SIÈCLE, AU CŒUR DES SABLES, ACCESSIBLE À DE RARES INITIÉS.

ET BIEN ENTENDU AVEC SA SIMPLICITÉ LÉGENDAIRE, EN S'ATTACHANT AUX PISTES DE CES INITIÉS, DOOLEY SE FAISAIT FORT DE RETROUVER LEUR TRACE À TRAVERS LE DÉSERT !

A LA TOMBÉE DU JOUR ELLE REJOIGNAIT UN QUARTIER DE LA VIEILLE VILLE.

ELLE SEMBLAIT Y OCCUPER UN APPARTEMENT.

ET CE FUT EN LA SUIVANT AINSI, UNE FIN D'APRÈS-MIDI, QUE JE FINIS PAR ME FAIRE SURPRENDRE...

MONSIEUR, JE NE SAIS PAS CE QUE VOUS AVEZ EN TÊTE MAIS J'AIME AUTANT VOUS PRÉVENIR QUE...

...ANDY?...

KAREN!... CELA FAIT TROIS JOURS QUE JE SUIS AU CAIRE!... ON EST VENUS VISITER LES PYRAMIDES AVEC DES AMIS... ET VOILÀ QUE J'APPRENDS QUE TU ES EN VILLE!

ANDY HARLOW!

J'ESSAYAI DÉSESPÉRÉMENT DE PARAÎTRE CONVAINCU ET RAVI DE CETTE COÏNCIDENCE MAIS ELLE ACCEPTA DE PRENDRE UN VERRE À UNE TERRASSE.

KAREN JOUA SI PARFAITEMENT LA COMÉDIE DE LA BANALITÉ, QUE JE NE POUVAIS PLUS AVOIR DE DOUTES QU'ELLE M'AVAIT RANGÉ AU RAYON DU PASSÉ. SANS PLUS SAVOIR DE QUOI PARLER, JE L'INTERROGEAI SUR SES FOUILLES...

LES SOUS-SOLS DE L'ORIENT ÉTERNEL TE LIVRENT-ILS TOUS LES EXTRAORDINAIRES SECRETS QUE TU ES VENUE Y CHERCHER ?

ET, COMME S'IL N'ATTENDAIT QUE CETTE OCCASION, SON VISAGE RETROUVA SOUDAIN LA PASSION QUI ME FASCINAIT TOUJOURS, JADIS, QUAND NOUS PARLIONS DES HEURES DURANT, DES ORIGINES DU CHRISTIANISME.

ANDY, QUAND JE SUIS ARRIVÉE ICI, TOUT ME PARAISSAIT ENCORE TELLEMENT THÉORIQUE. COMME DE BELLES IDÉES DANS UN LIVRE TRÈS SÉRIEUX.

MAIS TOUT CELA EXISTE VRAIMENT ! NOUS TROUVONS DES TRACES. CE N'EST PAS QU'UN RÊVE ABSURDE. PEUT-ÊTRE TOUCHERONS-NOUS FINALEMENT DU BOUT DES DOIGTS LE PERSONNAGE HISTORIQUE DU CHRIST !

JE N'ÉCOUTAIS MÊME PLUS CE QU'ELLE ME DISAIT; JE NE VOYAIS PLUS QUE SES LÈVRES, LE DÉSIR QUE J'EN AVAIS.

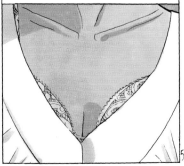

LA SENSUALITÉ IRRÉSISTIBLE QU'ELLE DÉGAGEAIT EN PARLANT TROP VITE, EMPORTÉE PAR UNE SORTE D'IMPATIENCE CONVAINCUE QUE JE LUI AVAIS TOUJOURS CONNUE SANS VRAIMENT LA REMARQUER.

PARCE QUE CELA AVAIT DÛ ME PARAÎTRE TROP FACILE, TROP DISPONIBLE.

JE... ÇA A ÉTÉ UNE CHOUETTE SURPRISE DE TE REVOIR, ANDY... JE TE SOUHAITE BONNE CHANCE POUR LA SUITE DE TON VOYAGE.

ON POURRAIT PEUT-ÊTRE ...EUH... JE NE SAIS PAS, DEMAIN SOIR, OU...

JE TE REMERCIE. MAIS JE N'AURAI CERTAINE-MENT PAS LE TEMPS DE TE REVOIR.

KAREN!

KAREN... ON NE PEUT PAS SE QUITTER COMME ÇA.

JE NE SAIS PAS COM-MENT T'EXPLIQUER LES CHOSES, KAREN. J'AI REÇU TA LETTRE TROP TARD...

JE TE RACONTAIS N'IMPORTE QUOI; C'EST POUR TOI QUE JE SUIS VENU EN ÉGYPTE!

JE SUIS DÉSOLÉ DE NE PAS T'AVOIR RÉPONDU. IL FAUT QUE TU ME LAISSES UNE CHANCE, KAREN. J'AI TANT BESOIN DE TOI!

B... BESOIN DE MOI?

CETTE LETTRE, TU PEUX L'OUBLIER. COMME TOUT LE RESTE! J'AI EU TANT BESOIN DE TOI, MOI AUSSI!

C'ÉTAIT TELLEMENT CONFORTABLE DE NE RIEN COMPRENDRE, HEIN? IL AURAIT VRAIMENT FALLU QUE JE TE LE CRIE POUR QUE TU LE VOIES, N'EST-CE PAS?

DE... DE QUOI VEUX-TU PARLER?

DE DOOLEY, ANDY. DE LA LIAISON QUE J'ENTRETENAIS AVEC LUI. DE LA PASSION QUE JE T'AVAIS DONNÉE POUR QUE TU ME TIRES LOIN DE CETTE RELATION QUI M'ÉTEIGNAIT!

JE... JE SUIS DÉSOLÉ...

OH, SURTOUT NE LE SOIS PAS! IL EST BIEN TROP TARD POUR ÇA. JE M'EN SUIS FAIT UNE RAISON, DE VIVRE AVEC DOOLEY, DE VENIR L'ASSISTER ICI POUR APPROUVER TOUS SES AVIS!

55

KAREN...

NON, C'EST MIEUX AINSI... MOINS DUR MAINTENANT ET LA DERNIÈRE CHOSE QUE JE SOUHAITE, C'EST DE TE VOIR REVENIR AVEC TON INSUPPORTABLE INSOUCIANCE !

J'ÉTAIS PER-SUADÉ QUE JE NE LA VERRAIS PLUS JAMAIS ; PARCE QU'EN PLUS, JE SAVAIS QU'ELLE AVAIT RAISON.

IL NE ME RESTAIT PLUS QU'À FAIRE MES VALISES, SUPERBEMENT FIER DU RÉSULTAT, VRAIMENT RAVI D'ÊTRE PARVENU À LAISSER UNE FILLE SUPERBE COMME KAREN DANS LES BRAS DE CE VIEUX PRÉTENTIEUX DE DOOLEY !

56.

JE N'AVAIS ÉVIDEMMENT AUCUN MOYEN DE SAVOIR CE QUI ÉTAIT EN TRAIN DE SE PASSER, PUISQUE KAREN NE DEVAIT ME LE RACONTER QUE BIEN PLUS TARD !
SI J'AVAIS PU ME DOUTER DE CE QU'ELLE AVAIT RESSENTI EN ME REVOYANT, JAMAIS JE NE L'AURAIS LAISSÉE REJOINDRE DOOLEY, À LEUR APPARTEMENT...

MAIS ELLE ÉTAIT RENTRÉE LÀ-BAS EN LARMES.

DOOLEY, QUI SE FAISAIT COULER UN BAIN, AVAIT VOULU LA CONSOLER, TOUT EN S'INQUIÉTANT DE CE QUI LUI ARRIVAIT.

ANDY HARLOW EST ICI, AU CAIRE !

JE CROYAIS M'ÊTRE TOTALEMENT DÉTACHÉE DE LUI, MAIS RIEN N'EST PLUS FAUX !

COMME IL AVAIT DÛ ME DÉTESTER ! LUI QUI SE TROUVAIT TELLEMENT SUPÉRIEUR À TOUT LE MONDE !

IL VOUS A REPOUSSÉE, L'AVEZ-VOUS DÉJÀ OUBLIÉ ? L'HISTOIRE S'ARRÊTE LÀ ! C'EST TOUT CE QUE JE SUIS PRÊT À ACCEPTER, EN TOUT CAS !

VOYONS, KAREN, C'EST TOUT BONNEMENT RIDICULE, VOTRE COMPORTEMENT EST IRRATIONNEL !

VOUS ÊTES ÉPUISÉE... LA CHALEUR DE LA JOURNÉE. VENEZ VOUS BAIGNER AVEC MOI. CELA VOUS FERA LE PLUS GRAND BIEN.

L... LAISSEZ-MOI. JE N'AI PLUS QU'UNE SEULE ENVIE... ME JETER DEHORS, LOIN DE TOUT LE MONDE...

KAREN, JE VOUS PRÉVIENS, ÇA SUFFIT...

ET CE FUT À CE MOMENT QU'ELLE SE RENDIT COMPTE QU'ELLE N'AVAIT PAS REFERMÉ LA PORTE DE LEUR APPARTEMENT, ET QU'ILS N'ÉTAIENT PLUS SEULS !

KAREN!...
ALLEZ-
VOUS-EN!
VITE!

TU VAS PARLER, PRO-
FESSEUR ? TU VAS
NOUS DIRE ?

OÙ EST MARC ?
OÙ TROUVE-T-ON
MARC ?

MONSIEUR
ISMAÏL, AU
SECOURS !

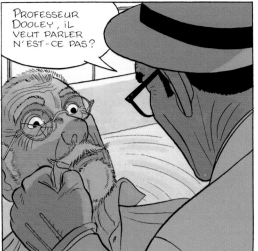

PROFESSEUR DOOLEY, IL VEUT PARLER N'EST-CE PAS?

IL N'A QU'À MONTRER LE CHEMIN ET LA DOULEUR S'ARRÊTE.

MARC, PROFESSEUR DOOLEY! JE SAIS QUE VOUS TROUVEZ MARC!

PEUT-ÊTRE MADEMOISELLE ELLE SAIT AUSSI?

LAISSEZ-MOI, JE VOUS EN SUPPLIE.

JAMAIS! V...VOUS M'EN-TENDEZ, JAMAIS!

59

DOOLEY SE DÉBATTAIT MAIS CHAQUE FOIS QU'ON LUI LAISSAIT PRENDRE L'AIR, IL S'OBSTINAIT À NE PAS VOULOIR RÉPONDRE, AVEC LA FORCE DU DÉSESPOIR.

NON!

KAREN NE POUVAIT AVOIR DE DOUTES QU'ILS ALLAIENT S'OCCUPER D'ELLE ENSUITE...

L'ÉTAU SE REFERMAIT SUR ELLE. ELLE AVAIT ENVIE DE S'ÉVANOUIR. IL LUI FALLAIT DE L'AIR À TOUT PRIX.

AAAAARG

VLONIEV! LA FILLE!

60.

JE PASSAIS CE QUE JE CROYAIS ÊTRE MA DERNIÈRE NUIT AU CAIRE. JE ME SENTAIS MALADE COMME UN CHIEN À LA SIMPLE IDÉE DE DOOLEY EMBRASSANT LE CORPS DE KAREN.

TOUT CE QU'ELLE AVAIT PU ME DIRE, LA VIOLENCE AVEC LAQUELLE ELLE M'AVAIT REPOUSSÉ, N'AVAIENT FAIT QUE ME DONNER ENCORE PLUS ENVIE D'ELLE.

...VERS ASSOUAN, SIR. VOUS FEREZ MERVEILLEUSE CROISIÈRE SUR LE NIL DES PHARAONS. OU ALORS D'ALEXANDRIE VERS LA PALESTINE? TRÈS BEAU PAYS DES PROPHÈTES, SIR. LES IMAGES DE LA BIBLE PARTOUT!

IL FALLAIT QUE JE BOUGE, QUE JE PRENNE N'IMPORTE QUEL BATEAU.

THE HOLY LAN

88 $

LE LENDEMAIN, AU PETIT DÉJEUNER, JE SURPRIS UNE CONVERSATION À UNE AUTRE TABLE. ET CE FUT AINSI QUE J'APPRIS LA MORT DU PROFESSEUR DOOLEY.

JE N'ARRIVAIS PAS À DÉCOUVRIR CE QUI S'ÉTAIT PASSÉ NI CE QU'ÉTAIT DEVENUE KAREN.

ANGOISSÉ, JE ME LANÇAI DANS UNE VÉRITABLE COURSE À L'INFORMATION...

OH YES, SIR. C'EST UNE AFFAIRE PRO-PREMENT HORRIFIANTE! ET JE CRAINS QUE VOTRE AMIE N'AIT FAIT UNE CHUTE EFFRAYANTE...

A LA FIN DE L'APRÈS-MIDI, JE FINIS PAR DÉBOUCHER DANS UN HÔPITAL UN PEU SORDIDE.

62.

LA POLICE ÉTAIT EN TRAIN D'INTERROGER KAREN, ET JE DUS ATTENDRE ENCORE.

ANDY!

ANDY! JE T'EN SUPPLIE! ANDY NE M'ABANDONNE PAS!

ILS VONT VENIR ME TUER! JE TE JURE QUE TU ME RETROUVERAS MORTE SI TU ME LAISSES TOUTE LA NUIT DANS CETTE CHAMBRE!

J'AI VU LE MÉDECIN. TU AS EU TELLEMENT DE CHANCE DANS TA CHUTE, KAREN. SEULEMENT QUELQUES CONTUSIONS, ET UN BRAS FOULÉ...

C'EST LA FOULE QUI M'A SAUVÉE, ANDY! LES GENS DANS LA RUE... CELA A AU MOINS SERVI À ÉCARTER LES DEUX HOMMES QUI ONT TUÉ DOOLEY!

ELLE ÉTAIT SI PROFONDÉMENT CONVAINCUE QU'ILS ALLAIENT REVENIR POUR ELLE, SI PROFONDÉMENT PANIQUÉE, QUE JE ME DÉCIDAI À LA CROIRE...

MONSIEUR!... LE MÉDECIN N'A PAS AUTORISÉ!?

ANDY! ILS SONT LÀ!...

ILS... ILS N'ONT AUCUNE RAISON DE SE MÉFIER DE MOI KAREN...

SANS LES AVOIR ENTENDUS, JE POUVAIS COMPRENDRE QUE KAREN LES PRENAIT POUR DES RUSSES. A LEUR ATTITUDE; À CETTE ASSURANCE PROVOCANTE QUI FAISAIT FROID DANS LE DOS.

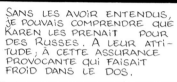

TAXI!

HÔTEL OLD DIPLOMAT! DANS LE CENTRE!

64

REGARDEZ...

PEUT-ÊTRE, IL S'AGIT DU SIGNE QUE CHERCHAIT LE PROFESSEUR!

V..., VOUS PENSEZ QU'ON POURRAIT LE DÉGAGER?

J'AURAIS PRÉFÉRÉ MISS KAREN, MAIS...

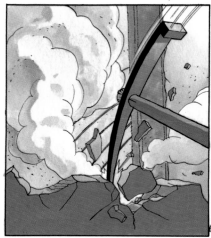

BROOOMM

22

LE LION AILÉ! LE PROFES-
SEUR ET MISS KAREN
AVAIENT RAISON!
LES CHIFFRES! REGAR-
DEZ! TOUT Y EST,
COMME ILS L'AVAIENT
PRÉDIT!

LE CONTREMAÎTRE GRIFFONNAIT LES
CHIFFRES DU BAS-RELIEF SUR LE MOR-
CEAU DE PAPIER, QUAND, SOUDAIN,
J'AVAIS ENTENDU DES BRUITS DE PAS
AU-DESSUS DE NOUS.

POUR MISS
KAREN.
ELLE DOIT
SAVOIR...

LA
LAMPE!
VITE!

IL... IL FAUT QUE JE
SORTE, JE N'ARRIVE
PLUS À RESPIRER...

PRIS AU PIÈGE, JE M'ATTEN-DAIS À VOIR SURGIR LES DEUX SOVIÉTIQUES DE KAREN ...

!?

LE ... LE SECRÉTAIRE PARTICULIER DE MONSIGNOR PAZZI !?

MISTER HARLOW! OH JE ... JE SUIS VRAIMENT TRÈS HEUREUX DE V... VOUS RETROUVER ...

MONSIGNOR A EU VENT DE LA CHOSE TERRIBLE QUI S'EST PRO-DUITE ... JE VEUX PARLER BIEN SÛR DU DÉCÈS INOPINÉ DU PROFESSEUR DOOLEY ... IL S'EST BEAUCOUP INQUIÉTÉ À VOTRE SUJET.

À VRAI DIRE, J'AVAIS POUR MISSION DE VOUS RAMENER À MONSIGNOR ... QUI TIENT ABSOLUMENT À VOUS TÉMOIGNER SA SOLLICITUDE ... VOIRE MÊME À VOUS ACCORDER UNE QUELCONQUE ASSISTANCE SI VOUS DÉCIDIEZ DE RENTRER EN ANGLETERRE ...

ET IL INSISTA TELLEMENT QUE, MON TAXI ÉTANT REPARTI, JE TROUVAI DIFFICILE DE REFUSER.

MONSIGNOR PAZZI AVAIT EFFECTI-
VEMENT FAIT MONTRE D'UNE
CHARMANTE SOLLICITUDE. IL
REGRETTAIT PRESQUE SINCÈREMENT
LA MORT DU PROFESSEUR DOOLEY
ET S'INTÉRESSAIT AUX DÉTAILS DU
DRAME, AU POINT DE POSER DE
NOMBREUSES QUESTIONS.

...D'APRÈS CE QUE J'AI PU APPRENDRE MOI-MÊME, LES DEUX AGRESSEURS S'EXPRIMAIENT AVEC DES ACCENTS SLAVES. RUSSES PROBABLEMENT... CE QUI RESSORT, EN TOUT CAS, C'EST QU'ILS ÉTAIENT À LA RECHERCHE DE MARC...

DE MARC? ALORS QU'Y A-T-IL DONC À CHERCHER? L'ÉVANGILE DE MARC N'EST-IL PAS À LA PORTÉE DE TOUT LE MONDE, DANS N'IMPORTE QUELLE BIBLE?

JE CONNAISSAIS TROP BIEN CES REGARDS IMPÉRATIFS, SÛRS DU POUVOIR QUI LEUR ÉTAIT CONFÉRÉ.

IL FAUT CROIRE LES ÉVANGILES, MISTER HARLOW. NOTRE SAINTE MÈRE L'ÉGLISE NOUS L'IMPOSE.

DÉCIDÉMENT, BEAUCOUP DE CHOSES NOUS SONT IMPOSÉES DANS LA VIE...

SANS DOUTE EST-CE NÉCESSAIRE, POUR QUE NOTRE MONDE PUISSE CONTINUER À TOURNER!

VOYONS, JE... J'IMAGINE QUE VOTRE COMPAGNE ET VOUS-MÊME DEVEZ SOUHAITER RENTRER EN EUROPE, VOUS REMETTRE DU CHOC QUI VOUS A FRAPPÉS...

IL VA DE SOI QUE... SI VOUS AVIEZ BESOIN D'AIDE, JE M'OFFRIRAIS VOLONTIERS À VOUS FAIRE RECONDUIRE JUSQU'À PORT-SAÏD.

JE SENTAIS LA DÉLICATE MENACE QUE SOUS-TENDAIENT CES PAROLES.

NOUS SAVIONS BIEN SÛR QUE NOUS NE NOUS ÉTIONS PAS RETROUVÉS SUR LE SITE DE FOUILLES PAR HASARD.

11.

J'ÉTAIS ENCORE PLUS IMPATIENT DE REVENIR À L'HÔTEL DE MONTRER À KAREN LE PAPIER QUE LE CONTREMAÎTRE AVAIT GRIFFONNÉ À SON INTENTION.

JE CROIS QUE NOUS AVONS FAIT UNE DÉCOUVERTE IMPORTANTE...

ANDY, C'EST EXTRAORDINAIRE! ENFIN TOUTES LES RÉPONSES À NOS RECHERCHES!

LE LION AILÉ, C'EST MARC! C'EST LE SYMBOLE DE MARC L'ÉVANGÉLISTE!

TOUT TOURNE AUTOUR DU MANUSCRIT QU'IL NOUS A LAISSÉ, JE DOIS POUVOIR TROUVER OÙ IL EST, DÉSORMAIS! IL FAUT QUE NOUS Y ALLIONS CE SOIR MÊME!

T... TOUT CE QUE TU VEUX, KAREN...

MAIS DIS-MOI D'ABORD QU'IL N'EST PAS TROP TARD. DIS-MOI QUE J'AI ÉTÉ UN SALAUD, MAIS QUE J'AI ENCORE UNE CHANCE.

OUI, ÇA TU PEUX LE SAVOIR, QUE TU ES UN SALAUD, ET QUE TU ES LE DERNIER DES ÉGOÏSTES D'ÊTRE VENU JUSQU'ICI, EN ÉGYPTE...

...EN ESPÉRANT QUE JE ME JETTERAIS DANS TES BRAS. PARCE QUE ÇA, TU PEUX DANSER SUR TA TÊTE. JE NE LE FERAI PLUS. ET JE NE ME DONNERAI PLUS À TOI, ANDY...

DORÉNAVANT, QUAND TU EN AURAS ENVIE, CE SERA À TOI DE ME PRENDRE!

72

ENFIN NOUS NOUS ÉTIONS RISQUÉS HORS DE LA CHAMBRE.
KAREN AVAIT VITE RETROUVÉ LA CAMIONNETTE DE DOOLEY, NON LOIN DE L'APPARTEMENT QU'ILS AVAIENT OCCUPÉ.

NOUS N'AVIONS PAS TARDÉ À NOUS METTRE EN ROUTE, AVEC TOUT LE MATÉRIEL NÉCESSAIRE, POUR PROFITER ENCORE, ET LE PLUS LOIN POSSIBLE, DES HEURES LES MOINS SUFFOCANTES.

73.

EN SUIVANT LA PISTE QUE KAREN AVAIT RELEVÉE AU COURS DE SES FOUILLES, ET QUE LE LION AILÉ DU CONTREMAÎTRE ÉTAIT VENU COMPLÉTER, NOUS PARTIONS POUR LE DÉSERT, VERS L'OUEST.

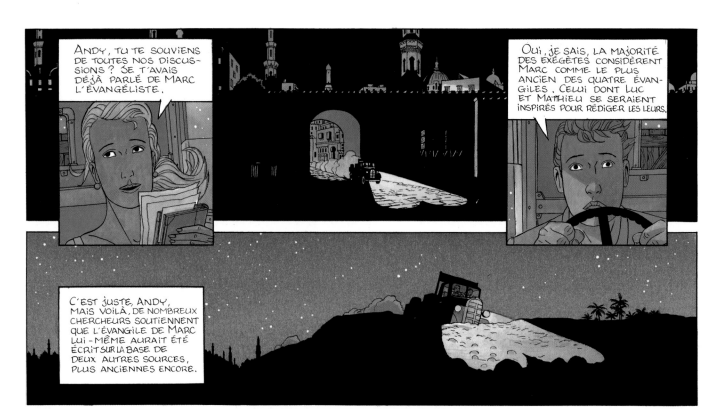

ANDY, TU TE SOUVIENS DE TOUTES NOS DISCUSSIONS ? JE T'AVAIS DÉJÀ PARLÉ DE MARC L'ÉVANGÉLISTE.

OUI, JE SAIS, LA MAJORITÉ DES EXÉGÈTES CONSIDÈRENT MARC COMME LE PLUS ANCIEN DES QUATRE ÉVANGILES. CELUI DONT LUC ET MATHIEU SE SERAIENT INSPIRÉS POUR RÉDIGER LES LEURS.

C'EST JUSTE, ANDY, MAIS VOILÀ, DE NOMBREUX CHERCHEURS SOUTIENNENT QUE L'ÉVANGILE DE MARC LUI-MÊME AURAIT ÉTÉ ÉCRIT SUR LA BASE DE DEUX AUTRES SOURCES, PLUS ANCIENNES ENCORE.

L'UNE, APPELÉE **URMARKUS** - DE L'ALLEMAND, POUR "CE QUI VIENT AVANT MARC" -, AURAIT ÉTÉ UN RECUEIL D'HISTOIRES DE LA VIE DE JÉSUS PROVENANT DE LA TRADITION ORALE. L'AUTRE, LES **LOGIA**, AURAIT FORMÉ UN RÉPERTOIRE DE SENTENCES ET DE DISCOURS DE JÉSUS DONT LA SUBSTANCE AURAIT ÉTÉ CONSERVÉE.

CES DEUX SOURCES SERAIENT LES LIENS LES PLUS DIRECTS, LES PLUS PURS DE CORRECTIONS, D'INTERPRÉTATIONS ET DE RAJOUTS, QUE NOUS POURRIONS RÉTABLIR AVEC LES PREMIÈRES ANNÉES DU CHRISTIANISME. AVEC SA NAISSANCE MÊME ! ET CE SONT EXACTEMENT CES LOGIA QUE NOUS SOMMES PEUT-ÊTRE SUR LE POINT DE DÉCOUVRIR, ANDY !

REGARDE, LES RECHERCHES MENÉES PAR DOOLEY, ET NOS FOUILLES, ONT PERMIS DE DÉCHIFFRER DES INSCRIPTIONS ET DIVERS MORCEAUX DE PAPYRUS.

NOUS AVONS DÉGAGÉ LES RÉCITS RELATANT LA FUITE DE PRÊTRES HÉRÉTIQUES DE L'ÉGLISE D'ALEXANDRIE À TRAVERS LE DÉSERT.

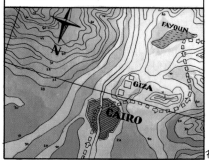

ILS VENAIENT D'ÊTRE CONDAMNÉS, AU CONCILE DE NICÉE. ILS EMPORTAIENT LES TRÉSORS DE LEUR BIBLIOTHÈQUE, TERRORISÉS À L'IDÉE D'ÊTRE RATTRAPÉS PAR LA SAINTE ÉGLISE. ET PARMI CES SECRETS, LES LOGIA !

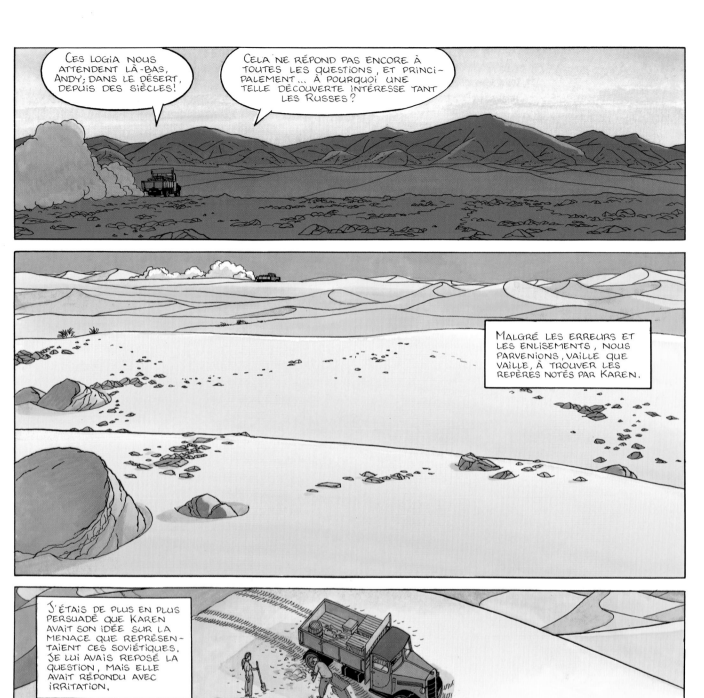

CES LOGIA NOUS ATTENDENT LÀ-BAS, ANDY; DANS LE DÉSERT, DEPUIS DES SIÈCLES!

CELA NE RÉPOND PAS ENCORE À TOUTES LES QUESTIONS, ET PRINCIPALEMENT... À POURQUOI UNE TELLE DÉCOUVERTE INTÉRESSE TANT LES RUSSES?

MALGRÉ LES ERREURS ET LES ENLISEMENTS, NOUS PARVENIONS, VAILLE QUE VAILLE, À TROUVER LES REPÈRES NOTÉS PAR KAREN.

J'ÉTAIS DE PLUS EN PLUS PERSUADÉ QUE KAREN AVAIT SON IDÉE SUR LA MENACE QUE REPRÉSENTAIENT CES SOVIÉTIQUES. JE LUI AVAIS REPOSÉ LA QUESTION, MAIS ELLE AVAIT RÉPONDU AVEC IRRITATION.

75.

LA CHALEUR ÉPOUVANTABLE SE CHARGEAIT D'ACHEVER TOUTE DISCUSSION.

À LONDRES, DOOLEY PASSAIT PARFOIS DES JOURS ENTIERS DANS LES RELEVÉS TOPOGRAPHIQUES DE LA RÉGION...

PUIS, QUAND NOUS SOMMES ARRIVÉS EN ÉGYPTE, NOUS AVONS DÉBOUCHÉ SUR LES INDICATIONS DU CIMETIÈRE COPTE, ET LES CARTES ONT COMMENCÉ À PRENDRE DE PLUS EN PLUS DE SENS.

LE LIEU DÉSIGNÉ PAR LES SIGNES LXI-MI... TU PENSES À DES CHIFFRES ROMAINS POUR INDIQUER UNE POSITION GÉOGRAPHIQUE ?

NON, C'EST TROP ÉVIDENT. À LONDRES, DOOLEY AVAIT ÉTABLI UNE CARTOGRAPHIE COMPLÈTE DE L'ÉGYPTE ANTIQUE... XHEL-AM... C'ÉTAIT LE NOM COPTE D'UN DES MASSIFS DE LA CHAÎNE OCCIDENTALE...

EN ARAMÉEN, DANS LA LANGUE DE JÉSUS... ÇA AURAIT DONNÉ...

C'EST ÇA ! JE SUIS SÛRE QUE C'EST ÇA ! NOUS SOMMES SUR LES PAS DE CES PRÊTRES ! PLUS DE QUINZE CENTS ANS APRÈS.

MAINTENANT AVEC LES INSCRIPTIONS DU LION AILÉ, TOUT EST CLAIR.

SUR LE BATEAU, IL Y AVAIT UN HOMME ÉTRANGE... UN MONSIGNOR ITALIEN, LE CARDINAL PAZZI... CE NOM NE TE DIT RIEN ? IL N'AVAIT PAS L'AIR D'AVOIR UNE ESTIME PARTICULIÈRE POUR LE PROFESSEUR DOOLEY.

PEU DE GENS AIMAIENT DOOLEY.

À PART TOI, PEUT-ÊTRE ?

DISONS QUE, PARFOIS, JE LUI TROUVAIS UN PEU PLUS DE MATURITÉ QU'À CERTAINS GARÇONS DE MA CONNAISSANCE ! SI TU VOIS CE QUE JE VEUX DIRE !

76

NON, NON. JE NE VOIS PAS DU TOUT CE QUE TU VEUX DIRE !

D'UNE MANIÈRE OU D'UNE AUTRE, JE SAVAIS QU'UN JOUR J'Y ARRIVERAIS, À CE MOMENT... À CE DÉSERT... IL FALLAIT QUE CE SOIT AVEC TOI, ANDY !

76

77

À L'OMBRE DES RAYONS FURIEUX DU SOLEIL, LES SIGNES SYMBOLIQUES TRACÉS À MÊME LA ROCHE SEMBLAIENT SE MULTIPLIER.

78

Et bientôt, d'étranges puits abandonnés se dévoilèrent à nous.

Tu y vois quelque chose?

Je ... je crois qu'il y a un boyau qui s'enfonce dans la roche!

PEUT-ÊTRE TOUT A-T-IL DÉJÀ ÉTÉ PILLÉ ?

NON. IL N'Y A JAMAIS RIEN DÛ Y AVOIR D'IMPORTANT À CE NIVEAU.

LES LIVRES ET LES ROULEAUX QU'ILS AVAIENT PU SAUVER ÉTAIENT LEURS BIENS LES PLUS PRÉCIEUX. ILS AURONT AU MOINS AMÉNAGÉ UNE SAINTE CHAPELLE POUR LES ABRITER !

C'EST DE PLUS EN PLUS ÉTROIT, KAREN ; ÇA NE MÈNE NULLE PART...

ATTENDS.

ANDY !

80.

ET SOUDAIN, JE M'ÉTAIS RENDU COMPTE À QUEL POINT NOUS AVIONS ÉTÉ NAÏFS...

35

IL... IL FAUT QUE JE CONTINUE...

JE CHERCHAI SANS CESSE LA LUMIÈRE, MAIS BIENTÔT CELA N'EUT PLUS AUCUNE IMPORTANCE...

J'AVAIS DÉBOUCHÉ DANS UNE SALLE GIGANTESQUE, UNE IMMENSE CATHÉDRALE DE ROCHE...

C'EST... C'EST MERVEILLEUX !

TOUTE MA VIE, J'AI ESPÉRÉ CET INSTANT !... J'AI RÊVÉ D'APPROCHER LA VÉRITÉ DE CES ROULEAUX SACRÉS !

ET MAINTENANT, J'AI RÉUSSI ! JE TIENS LA PREUVE QUE J'AVAIS PROMISE ! STALINE AURA SA VICTOIRE !

NON !

KAREN, NON !

PAN !

OH, MON DIEU, KAREN...

AAAAH... A... ANDY... TU... TU ES TOUJOURS VIVANT ! AAAAAAH !... MA... MA CUISSE EST PARALYSÉE... JE...

POUR LE TRIOMPHE PROCHE ET INÉVITABLE DU COMMUNISME, ELLE N'A AUCUNE IMPORTANCE !

SALAUD ! QU... QUELLE DIFFÉRENCE CELA FERA-T-IL DONC, VOS SALETÉS DE VIEUX PAPIERS ?

TOUTE LA DIFFÉRENCE DU MONDE ! DE CE MONDE BOURGEOIS POURRI BASÉ SUR LE MENSONGE !

C'EST L'ARME POUR LE DÉTRUIRE QUE JE VAIS TROUVER DANS LES LOGIA ! CEUX-CI VONT CONFIRMER LA THÈSE QUE JE SOUTIENS DEPUIS TOUJOURS !

JÉSUS N'A JAMAIS PRÉTENDU ÊTRE LE FILS DE DIEU, NI MÊME LE MESSIE.

DANS LE CADRE DU JUDAÏSME DE L'ÉPOQUE, IL S'EST CONTENTÉ D'ANNONCER LA PROCHE FIN DES TEMPS.

CE N'EST PAS VRAIMENT CE QU'ON TROUVE DANS LES ÉVANGILES !...

ALORS, POURQUOI JÉSUS A-T-IL AVERTI LES APÔTRES QUE, DE LEUR VIVANT ENCORE, ILS CONNAÎTRAIENT LE JUGEMENT DERNIER, ET QU'IL LEUR FALLAIT SE PRÉPARER EN CONSÉQUENCE? CE N'EST QU'APRÈS LA CRUCIFIXION, NE VOYANT RIEN VENIR, QUE LES APÔTRES ONT CHERCHÉ À JUSTIFIER AUTREMENT L'ENSEIGNEMENT DE LEUR MAÎTRE !

ALORS St PAUL ET SES SUIVEURS ONT COMMENCÉ LEUR LENT ET LONG TRAVAIL D'ADAPTATION DES TEXTES DANS LE BUT D'ASSEOIR LEUR AUTORITÉ, DE CONSTRUIRE LEUR ÉGLISE ET SON POUVOIR DE DROIT DIVIN !

LES LOGIA, PAR LEUR ANCIENNETÉ, VONT MONTRER QUE JÉSUS N'A JAMAIS EU L'INTENTION DE FONDER UNE ÉGLISE ! MOI... LE PROFESSEUR KEILBERTH, JE VAIS PROUVER L'ILLÉGITIMITÉ DE L'ÉGLISE ET DU POUVOIR QU'ELLE S'EST ACCORDÉ !

KEILBERTH! D...DOOLEY CONNAISSAIT BIEN VOS TRAVAUX À L'UNIVERSITÉ DE LENINGRAD. IL... IL LES ADMIRAIT ET VOUS TROUVAIT AUSSI COMPLÈTEMENT FOU, DANS VOTRE HAINE DESTRUCTRICE !

C'EST DE LA FOLIE, EFFECTIVEMENT, PERSONNE NE VOUS ÉCOUTERA !

VOUS ÊTES TOUS STUPIDES ! COMMENT RÊVER D'UN MEILLEUR MOYEN DE RENVERSER LES BOURGEOISIES OCCIDENTALES QU'EN LES FAISANT DOUTER DANS LEUR FONDEMENT MÊME.

85.

39

DÉTRUIRE CE MONDE BOURGEOIS CORROMPU, TELLE SERA MA RÉUSSITE!

ÉTENDRE LA RÉVOLUTION ROUGE À TOUTE L'EUROPE! TELLE SERA LA VICTOIRE DE STALINE!

MÊME SI TOUT N'EST QU'UN MENSONGE, QU'EST-CE QU'ELLE AURA À OFFRIR DE MIEUX, VOTRE DICTATURE COMMUNISTE?

PAF!

LA VÉRITÉ! PRÈS DE DEUX MILLE ANS SE SONT ÉCOULÉS... ET UN HOMME, ENFIN, VA TOUCHER À NOUVEAU LA VÉRITÉ!

AAAAAH!

86

ANDY! PRENDS LES ROULEAUX! QUOI QU'IL AIT... LAISSE-LE CREVER, D... DÉPÊCHE-TOI ! JE T'EN SUPPLIE!

DES SCORPIONS! C'EST INFESTÉ DE NIDS DE SCORPIONS!

AAAAAH...

T... TROUVE DE QUOI FABRIQUER UNE SORTE DE... DE LEVIER DE FORTUNE!...

TU... VAS Y ARRIVER, ANDY! TU VAS Y ARRIVER...

ILS ÉTAIENT DANS MES MAINS! CE CONTACT INTIME, MAGIQUE, AVEC CES SIÈCLES SI ÉLOIGNÉS M'ÉMERVEILLAIT MALGRÉ MOI, COMME UNE SORTE D'ILLUMINATION!

QUOI QU'AIT CONTENU CE LIVRE, IL ÉTAIT UNE PLONGÉE DIRECTE, UNIQUE, VERS UNE ÉPOQUE SI MYSTÉRIEUSE.

87.

41

JE NE POUVAIS EMPÊCHER LES SOUVENIRS DE MON ENFANCE DE DÉFERLER...

LE SOURIRE DU VITRAIL, LES IMAGES FABULEUSES DE LA TERRE SAINTE...

LA MER DE GALILÉE, LES MURS DE JÉRUSALEM, LA CROIX À GOLGOTHA...

TOUT DEVAIT ÊTRE LÀ, DANS CE LIVRE !

KAREN EN PLEURAIT. IL FALLAIT ABSOLUMENT QUE JE M'OCCUPE D'ELLE, QUE JE LA REMONTE JUSQU'À LA CAMIONNETTE.

KAREN, JE VEUX TE SORTIR D'ICI ! IL FAUT QUE JE TE TROUVE UN MÉDECIN, QU'ON TE SOIGNE...

JE COMMENÇAIS À AVOIR FROID DANS LE DOS À L'IDÉE DU TRAJET QUE NOUS ALLIONS DEVOIR EFFECTUER SOUS LE SOLEIL, AVANT DE POUVOIR ATTEINDRE LE MOINDRE DISPENSAIRE...

88

IL... IL FAUT QUE TU TIENNES LE COUP, KAREN, J'AI BESOIN DE TOI ... J'AI TELLEMENT BESOIN DE TOI !

KAREN DEVENAIT DE PLUS EN PLUS INCONSCIENTE, ELLE S'ABANDONNAIT DANS MES BRAS, JE COMMENÇAIS À PLIER SOUS LE POIDS DE SON CORPS RELÂCHÉ.

CLANG

OH! MON DIEU...

LES ROULEAUX, MISTER HARLOW. EN TANT QUE LIVRES SACRÉS, ILS APPARTIENNENT À L'ÉGLISE ET À PERSONNE D'AUTRE.

VOUS ÊTES LÀ, VOUS AUSSI?! BIEN SÛR! POUR TOUT DOMINER, POUR DÉCIDER DE MA VIE!

MAIS VOUS AVEZ PEUR MGR PAZZI! VOUS CRAIGNEZ SANS DOUTE QU'EN RÉVÉLANT L'EXISTENCE DE VOS LOGIA, JE PUISSE MONTRER À LA FACE DU MONDE QUE TOUT DÈS L'ORIGINE N'A ÉTÉ QU'UN INSTRUMENT DE DOMINATION...

"QU'UNE MERVEILLEUSE MACHINE À CONTRÔLER LES ÉVÉNEMENTS"...

NE VOUS AVAIS-JE PAS PRÉVENU SUR LE BATEAU, QUI NOUS EMMENAIT EN ÉGYPTE?...

... NOUS VIVONS UNE ÉPOQUE TROUBLÉE, DANS UN ÉQUILIBRE PRÉCAIRE QUI NE DEMANDE QU'À BASCULER DANS UN SENS OU DANS UN AUTRE. QU'AURIEZ-VOUS À GAGNER EN RENDANT PUBLIC CE DOCUMENT, QUEL QU'EN SOIT LE CONTENU?...

90.

S'IL RENFERME VRAIMENT CE QUE KEILBERTH A PRÉTENDU, QUEL AVANTAGE AURIEZ-VOUS, MISTER HARLOW, À JOUER LE JEU DE VOS ENNEMIS? SERIEZ-VOUS STUPIDE AU POINT DE PRÉFÉRER LE SYSTÈME DE STALINE!

LE POUVOIR NE SERA JAMAIS SUPPRIMÉ, SEULEMENT PRIS PAR D'AUTRES !

DÈS NOTRE PREMIÈRE RENCONTRE, J'AI SENTI VOTRE RANCOEUR, MISTER HARLOW. SI CERTAINES PERSONNES ONT ÉTÉ INJUSTES ENVERS VOUS... CELA NE DOIT PAS REMETTRE EN CAUSE NOTRE SYSTÈME, JE POURRAIS VOUS DONNER LES MOYENS D'Y TROUVER VOTRE PLACE.

VOTRE AMIE N'A AUCUNE CHANCE DE S'EN TIRER AINSI, AVEC TOUT LE SANG QU'ELLE DÉVERSE. SEUL, VOUS ALLEZ LA VOIR MOURIR DANS VOS BRAS AVANT MÊME D'AVOIR REJOINT UN DISPENSAIRE...

NE... NE L'ÉCOUTE PAS,... ANDY...

MAIS JE SAVAIS QUE PAZZI AVAIT RAISON. KAREN RÉPÉTAIT MON NOM, S'ACCROCHAIT À MOI...

LE LOINTAIN SOUVENIR D'UNE PETITE FILLE QUI TENDAIT DÉSESPÉRÉMENT SA MAIN VERS MOI ME FIT MONTER LES LARMES AUX YEUX...

ET LENTEMENT, JE FINIS PAR PRENDRE MA DÉCISION.

QUELQUES SEMAINES PLUS TARD, NOUS REGARDIONS LES VAGUES QUI COURAIENT VERS LES CÔTES LOINTAINES DU YÉMEN, DU PONT DU BATEAU QUI NOUS EMMENAIT ENCORE PLUS LOIN, VERS LES INDES.

KAREN AVAIT RETROUVÉ TOUTES SES COULEURS, ET JE NE POUVAIS PENSER À AUCUN AUTRE BONHEUR QUE CELUI DE L'AVOIR PRÈS DE MOI.

MONSIGNOR PAZZI AVAIT TENU SES PROMESSES. NOUS AVIONS DÉSORMAIS LES MOYENS DE DÉCIDER CE QUE NOUS VOULIONS.

J'AVAIS POURTANT LE SENTIMENT QUE, CE JOUR-LÀ, EN ÉGYPTE, J'AVAIS PERDU UN PEU DE MA JEUNESSE.

JE SAVAIS QUE KAREN COMPRENAIT CE QUE JE RESSENTAIS, QU'ELLE M'AIMAIT D'AUTANT PLUS POUR CE QUE J'AVAIS FAIT...

MÊME SI UNE PARTIE D'ELLE NE POUVAIT ME PARDONNER D'AVOIR LAISSÉ S'ÉVANOUIR LE LION AILÉ.

JE CROIS QUE LE MOMENT EST VENU DE BRISER NOS SILENCES.

IL Y A QUELQUE CHOSE QUE JE T'AI CACHÉ. SANS DOUTE ME FALLAIT-IL UN PEU DE TEMPS POUR ACCEPTER DE LE PARTAGER.

JE SUIS PARVENUE À M'Y ACCROCHER AVANT QUE TU NE TENDES LES ROULEAUX À PAZZI !

JE M'APPROCHAI POUR L'ÉCOUTER ME TRADUIRE CE QU'ELLE AVAIT PU EN DÉCHIFFRER, ET JE COMPRIS QUE NOUS AVIONS AU MOINS GAGNÉ CELA.

MÊME SI NOUS NE FAISONS QUE L'EFFLEURER, LE PASSÉ EST LÀ, ANDY. SOUS LE SOLEIL DE JUDÉE ...PEUT-ÊTRE SUR LA ROUTE DE JÉRUSALEM !

TOUCHE-LES, ANDY. SENS-TU LA CHALEUR DE LEUR CONTACT ?

93

ECOUTE SA VOIX, ANDY... "IL LEUR DIT QU'ILS DEVAIENT SE CHANGER, LAISSER PARLER LEUR COEUR EN TOUTES CHOSES"... "MAIS UN DES HOMMES SE MIT À PLEURER SUR LUI-MÊME"...

"...DÉPLORANT QU'IL NE SOIT DÉJÀ TROP TARD."

"ALORS IL LUI SOURIT."

"CAR RIEN NE S'ARRÊTE JAMAIS NULLE PART."

"PEU IMPORTE LA DURÉE, CE QUI COMPTE C'EST LE CHEMIN".